温故

百年老课本
美文选读

（下）

石鸥 主编

湖南大学出版社·长沙

编委会名单

顾问：杨　敏　孙智明

主编：石　鸥

副主编：李　学　刘艳琳

本册执行主编：何　如　刘满云

序

在这样一个孩童们对手机的迷恋已成为常态、荧屏取代纸张、点击就是阅读的时代，我们这一帮成年人反其道而行之，盯住的是纸质的书本，目的是让孩童们也盯住纸质书本。是啊，手中捧着纸质书，朗朗读来，那是一种多么幸福美妙的时刻。纸质书散发的书香，翻动纸张时悦耳的声响，用笔涂画时飞扬的思绪，是真正的读书人难以抗拒的诱惑。我们努力尝试着用某种特定的纸质书来留住儿童们的目光，把儿童们的眼睛从荧屏拉开（哪怕很短的时间），转向纸质书本。我们太需要培养真正的读书人了。摆在我们面前的是三本力求留住孩童目光的纸质书，它们是从我们的前辈、前辈的前辈孩童时期所读过的课本中择取部分课文，重新编排而成的。

取名为《温故——百年老课本美文选读》，这是几个热心友朋的建议。意在让今日之孩童尝试读一读我们的先辈小时候读过的书，读一读胡适、茅盾、陈衡哲等读过的书，读一读我们的先辈编写的书，读一读蔡元培①、陈独秀、章士钊等编写的书。

夏日晴明

采果庭前

黄梅解渴

桃李清甘

……

打开书本，映入眼帘的是一幅幅花红草绿、鸟飞虫鸣的乡村画卷。于今日孩童，这也许是只能从电影电视

---

① 这些课文主要选自清末《最新教科书》，蔡元培是其中的重要策划者、参与者和编写者。

中看到的景象，而于许多成年人，这是一种骨子里的亲近，能够唤起内心深处的某种念想，让人宁静平和。

　　有客至，入室内，

　　　　我迎客，立几侧。

　　　　　　父见客，问姓名，

　　　　　　　　父坐右，客坐左。

　　　　……

　　中国传统文化活灵活现地展示在我们面前。在我们看来，传统文化不等同于一字不变的传统文本，尽管那古老的文本是文化保存的重要物质载体。传统文化是屹立在那里的城墙，是我们上班下班要经过的钟楼。传统文化还是舌尖上的味道，是萦绕在耳际的音响。传统文化是发生在我们身边的点点滴滴，是举手投足，是迎来送往，是"父坐右，客坐左"的礼仪，是能够让孩童们外化于形、内化于心的日常。正因如此，传统文化的传承路径有待于我们去探寻去创新。遗憾的是，传统文化的传承还是被太多的人看作是传统文本的简单背诵，重视传统文化变成一字一句地去背诵那些《三字经》《百家姓》《千字文》《弟子规》《神童诗》，甚至是《孝经》《女孝经》之类的传统文本了。这些文本虽然朗朗上口，虽然承载了大量有宝贵价值的思想观点，但文字太过艰深，内容太过晦涩（且不说其中还有不少糟粕），少数孩童有幸遇上了教学有方的好先生，能有所收获，逐渐体会到其核心意义，而绝大部分学童当时甚至终生理解不了这些内容，跟着先生糊里糊涂地读，糊里糊涂地喊，糊里糊涂地记，也糊里糊涂地告别学堂走入社会。传统文化的教育价值因此大打折扣。胡适对背记这类文本大为不满，他说："《千字文》上的'天地玄黄，宇宙洪荒'，我从五岁时读起，现在做了十年大学教授，还不懂得这八个字究竟说的是什么。"清代文人袁枚也写诗批评过这种状况："漆黑茅柴屋半间，猪窝牛圈浴锅连，牧童八九纵横坐，天地玄黄喊一年。""天地玄黄"是《千字文》的开篇语。聪慧的胡适尚且不懂，为什么今日还要逼着大量孩童来背记这种自己根本不明白不理解的东西呢？

在当年的老外眼中，中国孩童们的学习是这样的：中国人采取的教学方法是让八九岁的孩子去读一本写有深奥伦理观点的书，由此开始他们的学习生涯。这本书名叫《三字经》。中国的小学生真是太可怜了，从书中得不到快乐，只有无休止的灌输。而所灌输的这些东西未必与日常生活有多大关系。孩子们那一张张古板没有神采的小脸总是显得严肃而镇定，仿佛嬉戏与微笑对他们而言是一种犯罪，是他们不应该有的。事实上，中国人总是为成年人着想的。[①]写的这些东西都是满足成年人的需要，而不是为孩子着想的。是呀，孩子们怎么能够理解"人之初，性本善"？为了完成先生布置的任务，他们背出来就是"人之初，性本善，烟袋锅子炒鸡蛋"。孩童们怎么能够理解"赵钱孙李，周吴郑王"？所以他们背出来就是"赵钱孙李，隔壁打米。周吴郑王，偷来换糖"。这有点像我们很多人小时候学英语用汉字标注英语单词的办法。把这样的文字拿来让孩子们读，既不能很好地促进孩童的成长，也无法有效地实现传统文化在今天的创造性传承。

文化的传承与习得不是简单的把一些深奥的经典文本拿来背记就一了百了的。教育需要的是，把传统文化的精华内化为孩童们的心灵世界，否则，口号喊得再响，也只是增加学生的记忆负担而已，不会有什么效果（今天一些所谓的"国学"教育正是这样）。要达到这一目标，把优秀传统文化创造性转化为孩童喜闻乐见的浅显文字，就成为教育工作者的当务之急。

在这一意义上，为刚入学不久的蒙昧未开的孩童们编写的读物，特别是教材，既应该是世界上最高贵的文本，同时也应该是世界上最浅近的文本。这类文本因孩童而写，为孩童而写。据此，儿童读物所需要的不仅仅是正确引领孩童一生的"道"和教给孩童们的"理"，它更需要的是如何让这些正确的"道"和"理"成为能让孩童喜欢、能使孩童触动、能形塑孩童人生观价值观的东西，是如何用最能够深入心灵的方式让孩童们感悟爱、感悟善，启孩童之智，增孩童之慧。即便是爱祖国爱家乡，即便是懂规矩讲礼貌，也要以亲切易懂、可读

[①] 麦高温：《中国人生活的明与暗》，中华书局 2006 年版，第 66-67 页。

性强的形式出现。孩童们有兴趣读、喜欢读，就能够打动孩童、影响孩童、愉悦孩童，读来才有效有益。

这套书远达不到这样的境界，但它以这样的境界为努力目标。

我们坚持关注孩童书，并不是因为这样做了就一定能够起多大作用，而是因为我们认为这样做是对的。本套书的意义不仅仅是再现了那个特定时代孩童们读过的课文，而是企盼通过这些课文，探寻到一条深入浅出的演绎中国传统文化的路径，以独特的言说，播撒深邃的文化。加之书中那些大幅且色彩明丽的百年前的原图，新奇、柔美、养眼、主题鲜明、意境纯洁，为书本增色不少。

这套书上册精要简明，中册和下册逐渐进阶，内容经典，价值正确。读毕，中华优秀传统文化的不少典故大致明了。可为睡前读物，亲子读物，大人带孩子读，孩子自己读；可作学生读物，课外读物，教师组织学生读，学生自己读。

入孝父母，出敬长上，先生教我，毋忘此言。

兄弟二人，同一学堂，朝来诵习，夕去游散。

温课既毕，尚有余时，兄习图画，妹学手工。

……

如果百年前学堂里的朗朗书声能够时不时在今日之学校之家庭回响，或许能让人更聪慧，温柔向善。

我们的孩子应该由书声造就，而不是荧屏。

石鸥

2021 年 10 月 2 日于童书阁

目　录

乙编

【甲编】

第一单元

01
兄弟入学

　　兄与弟，同入学堂。弟曰："今日炎热，吾欲与兄游河滨。"兄曰："尔当入学读书，无暇游也。"适一蜂飞过其前，兄指谓弟曰："彼小虫耳，采花酿蜜，终日营营，不复休息。汝人也，乃不如虫乎？"弟感悟，遂勤学。

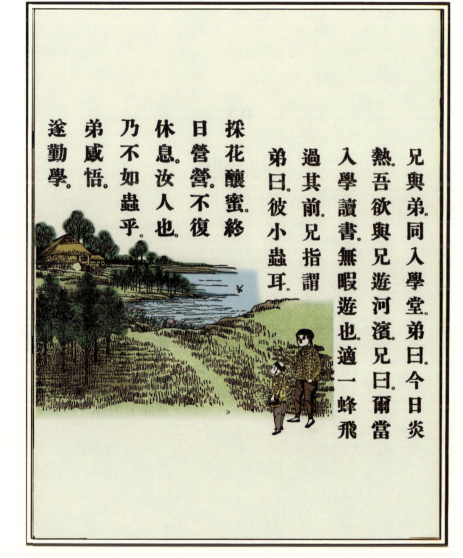

兄與弟同入學堂弟曰今日炎
熱吾欲與兄遊河濱兄曰爾當
入學讀書無暇遊也適一蜂飛
過其前兄指謂
弟曰彼小蟲耳
弟曰
採花釀蜜終
日營營不復
休息汝人也
乃不如蟲乎
弟感悟。
遂勤學。

3

02
傅迪
fù

　　傅迪好多读书，而不解其义。其友刘柳语之曰："君读书虽多，而无所解，直书簏耳，果何益也？"傅迪大惭，无以对。

傅迪好多讀書。而不解其義其友劉柳語之曰君讀書雖多。而無所解直書簏耳果何益也。傅迪大慚。無以對。

03

xiāo
萧 遥 欣

　　萧遥欣年七岁，出游时，见一小儿，善弹飞鸟，应弦坠落。遥欣曰："鸟飞空中，无害于人。游戏之事，亦多端矣。何必多残生命，以为乐也？"小儿感其言，遂不复弹。

蕭遙欣年七歲出遊時見一小兒。善彈飛鳥應弦墜落遙欣曰。鳥飛空中無害於人遊戲之事。亦多端矣。何必多殘生命以為樂也。小兒感其言遂不復彈。

7

04

勤 动

　　吴普问卫生之术于华佗。佗曰："人体当使劳动，则食物易消，血脉流通，病自不生。户枢不蠹，流水不腐，以其常动故也。吾体偶有不适，则为禽兽舞蹈之戏，以祛疾。" 普从其言，身体日健，年至九十余。

吳普問衛生之術於華佗。佗曰。人體當使勞動。則食物易消。血脈流通病自不生戶樞不蠹流水不腐。以其常動故也。吾體偶有不適。則為禽獸舞蹈之戲。以祛疾。普從其言身體日健年至九十餘。

第二单元

05
吉 凶

　　有鸦集庭树，引颈而鸣。儿叱之。父曰："是何害？"儿曰："常闻人言，'鹊^{què}鸣吉，鸦鸣凶'。今鸣者鸦也，故叱^{chì}之。"父曰："人之智识，远胜于鸟，尚不能预知吉凶，而况鸟乎？"

有鴉集庭樹引頸而鳴兒叱之父曰是何害兒曰常聞人言鵲鳴吉鴉鳴凶今鳴者鴉也故叱之父曰人之智識遠勝於鳥尚不能預知吉凶而況鳥乎

11

06
诚 实

　　司马光自少至老，语未尝妄，自言生平所为，未尝有不可对人言者。刘安世尝问以尽心行己之要，光曰："其诚乎，自不妄语始。"

司馬光自少至老　語未
嘗妄　自言生平所為
未嘗有不可對人言者
劉安世嘗問以盡心行己
之要　光曰　其誠乎
自不妄語始

13

07
坚 忍

　　李二曲年十六，丧父，家贫甚，无力从师。母彭氏自教之。母子相依，或一日不再食，或连日不举火，泊^{bó}如也。二曲卒能自拔于流俗，为关中大儒。

李二曲年十六喪
父二曲家貧甚母
力無教自氏彭母子
相依或或自教子
之師母不再食或連
一日不舉火泊如也
日不舉火卒能自拔於
流俗二曲為關中大儒

15

08

我是谁

我的身体真奇妙：刀斩斩不断，箭射射不倒。我的功劳真不小：有了我，田里的稻长得好；有了我，河里的船才能摇。假使没有我，夏天那（哪）里去洗澡？我是谁，你们可能知道？

我的身体真奇妙：颜色很鲜明，性情很暴躁。我的功劳真不小：有了我，天天米饭都能烧；有了我，夜夜灯光才照耀。假使没有我，冬天那（哪）有炉可烤？我是谁，你们可能知道？

我的身體真奇妙,
刀斬斬不斷,箭射射不倒,
我的功勞真不小,
有了我,田裏的稻才能長得好,
有了我,河裏的船才能搖,
假使沒有我,夏天那裏去洗澡,
我是誰,你們可能知道?

我的身體真奇妙,
顏色很鮮明,性情很暴躁,
我的功勞真不小,
有了我,天天米飯都能燒,
有了我,夜夜燈光才能照耀,
假使沒有我,冬天那有爐可烤,
我是誰,你們可能知道?

09

竹

竹茎^{jīng}圆而中空，茎有节，由节生枝、叶。其横于地下者，曰"竹鞭"。

竹性耐寒，冬日不凋。凡通风向阳之处，植之无不活者。平时无花，及将死，则开花结实。

竹之用极广，可建屋编篱，或制各种器具。而笋味鲜美，尤冬、春之佳馔^{zhuàn}也。

竹莖圓而中空．莖有節．由節生枝、葉．其橫於地下者曰竹鞭．

竹性耐寒冬日不凋．凡通風向陽之處植之無不活者．平時無花．及將死則開花結實．

竹之用極廣．可建屋編籬或製各種器具．而筍味鮮美尤冬、春之佳饌也．

19

10
牡丹与芍药

牡丹，古人称为"花王"。茎丛生。花有单瓣，有重瓣。以白与淡红者为贵。惟（唯）培植独难，常有败叶腐蕾之患。芍药之美，次于牡丹，而培养较易。花谢后，割其茎，秋时分种之。及明年夏时开花，丰艳可爱。

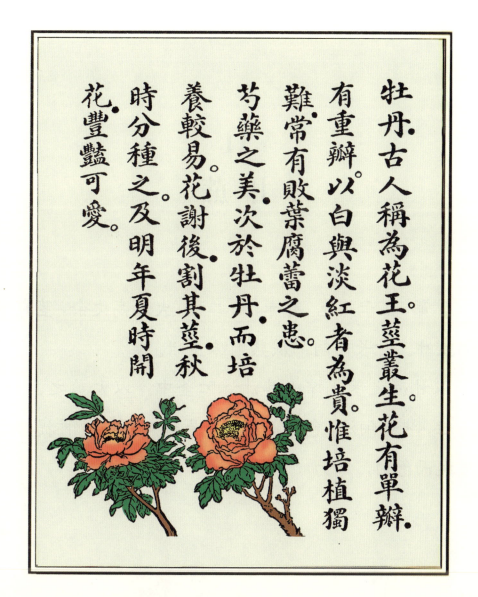

牡丹。古人稱為花王。莖叢生花有單瓣．
有重瓣。以白與淡紅者為貴。惟培植獨
難。常有敗葉腐蕾之患。
芍藥之美次於牡丹而培
養較易。花謝後割其莖秋
時分種之及明年夏時開
花豐豔可愛。

11

甘 蔗

甘蔗，生于热地。有赤、白二种。大者高丈余，茎有节。节间生叶。叶长而阔。蔗熟则味益甜。

取甘蔗之茎，榨出其汁，贮釜^{fǔ}中。以火煎^{jiān}之，渐凝为小粒，状如细沙，色赤而微黑，号为"沙糖"。再提炼之，则质纯而色白，号为"白糖"。

甘蔗生於熱地。有赤白
二種大者高丈餘莖有
節節間生葉葉長而潤。
蔗熟則味益甜。
取甘蔗之莖榨出其汁貯釜中以火煎之。
漸凝為小粒狀如細沙色赤而微黑號為
沙糖再提煉之則質純而色白號為白糖。

23

12
藤与桂

　　青藤盘于古屋之上，傍檐^{yán}有老桂数株。藤俯视而笑之曰："尔^{ěr}位何卑！"桂曰："我托身诚不如君之高，然吾盘根土中，卓立地上，无所依附。汝凭古屋以为高，屋倾，汝其危哉^{zāi}！"

青藤盤於古屋之上。傍檐有老桂數株。藤俯視而笑之曰爾位何卑。桂曰我託身誠不如君之高。然吾盤根土中卓立地上。無所依附。汝憑古屋以為高屋傾。汝其危哉。

13
名 誉

　　名誉者，第二生命也。吾人爱惜名誉，亦当如爱惜生命。辨善恶，明是非，兢兢焉惟（唯）失坠是惧，庶能常保令名也。且人生数十年，不能无死。是以古之人，有弃生命以易名誉者。孔子曰："杀身成仁。"孟子曰："舍生取义。"此之谓也。

名譽者。第二生命也。吾人愛惜名譽。亦當如愛惜生命。辨善惡。明是非。競焉惟失墜是懼。庶能常保令名也。且人生數十年。不能無死。是以古之人。有棄生命以易名譽者。孔子曰「殺身成仁。」孟子曰「舍生取義。」此之謂也。

格言　君子疾沒世而名不稱焉。

27

14
恒 心

作（做）事求学，贵有恒心。若厌故喜新，或畏难中辍^{chuò}，必无成就之望。古来建大功、立大名者，非必有过人之才。趋向既定，持之以恒，即有艰难，未尝缩恧^{nǜ}，故能卒底于成也。

不观夫屋漏乎，其为力虽弱，而滴沥^{lì}不已，阶石为穿。有恒心者，亦如是而已。

作事求學貴有恆心。若厭故喜新。或
畏難中輟必無成就之望。古來建大
功立大名者。非必有過人之才。趨向
既定持之以恆即有艱難未嘗縮恧。
故能卒底於成也。
不觀夫屋漏乎其為力雖弱。而滴瀝
不已階石為穿。有恆心者亦如是而
已。

29

15

大 雨

　　午饭既毕，天气郁蒸，苍蝇纷飞庭前。少顷，大风陡起，沙尘扑面，黑云自西北来，电光四射，雷声隆隆，大雨骤至，沟浍皆盈。未几，雨霁。夕阳反照墙隅，豁然开爽，暑热尽退。

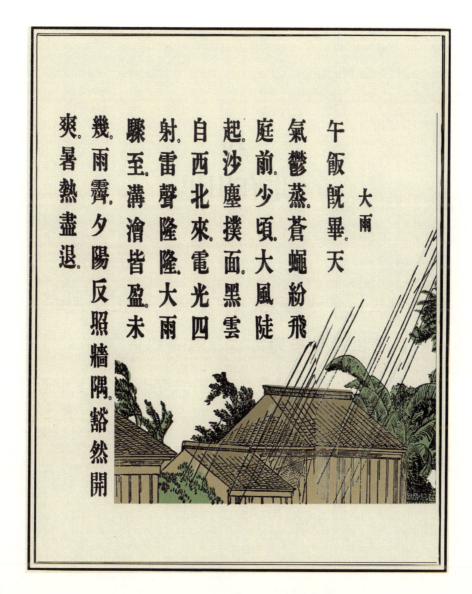

大雨

午飯既畢。天
氣鬱蒸蒼蠅紛飛
庭前少頃大風陡
起沙塵撲面黑雲
自西北來電光四
射雷聲隆隆大雨
驟至溝澮皆盈未
幾。雨霽夕陽反照牆隅豁然開
爽。暑熱盡退。

31

16
牛在田里

牛在田里，带水拖泥；早晨做到晚上，没有片刻的休息。他不能担负劳苦的工作，只是叹气。

农人说："你不要叹气，快犁快犁，我把草料喂你。"

牛说："谢谢你！青草满地，那（哪）一处不可充饥？你向我少打几下，我就十分感谢你。"

牛在田裏，帶水拖泥；早晨做到晚上，沒有片刻的休息．他不能擔負勞苦的工作，只是歎氣．

農人說：「你不要歎氣，快犂快犂，我把草料餧你．」

牛說：「謝謝你！青草滿地，那一處不可充飢．你向我少打幾下，我就十分感謝你．」

33

17

人之一生

　　人之一生，犹一岁之四时乎。春风和煦，草、木萌^{méng}动，一童子之活泼也。夏雨时行，草、木畅茂，一壮年之发达也。秋、冬渐寒，草、木零落，则由壮而老，由老而衰矣。然冬尽春来，循环不已，人则老者不可复壮，壮者不可复少也。语曰："时乎时乎不再来。"愿我少年共识之。

人之一生。猶一歲之四時乎。春風和煦。草
木萌動。一童子之活潑也。夏雨時行。草木
暢茂。一壯年之發達也。秋冬漸寒。草木零
落。則由壯而老。由老而衰矣。然冬盡春來。
循環不已。人則老者不可復壯。壯者不可
復少也。語曰「時乎時乎不再來」。願我少年
共識之。

35

18
文 字

吾之心意，怀而不宣，人莫能知，故必赖语言达之。然相隔稍远，语言不可闻，仍无从达其意，于是以文字代之。

有文字，则虽远隔万里，不难互通其意。且古人之言，可以贻之今人，今人之言，可以贻之后人，其便利为何如乎！

吾之心意，懷而不宣，人莫能知，故必賴語言達之。然相隔稍遠，語言不可聞，仍無從達其意，於是以文字代之。有文字則雖遠隔萬里，不難互通其意。且古人之言，可以貽之今人，今人之言，可以貽之後人，其便利為何如乎。

19

纸

古时无纸，书籍用竹简，或以缣帛^{jiān bó}。简重帛贵，得书甚难。学者苦之。汉蔡伦始造纸，至今称便。

树皮、稻稿、敝^{bì}布之类，皆可制纸。然常用者，多以竹为之。福建、浙江等省，产竹最盛，故出纸亦最多。

古時無紙。書籍用竹簡。或以縑帛。簡重帛貴。得書甚難學者苦之。漢蔡倫始造紙。至今稱便。樹皮稻藁敝布之類皆可製紙。然常用者多以竹爲之。福建浙江等省。產竹最盛。故出紙亦最多。

20
铁

父问儿曰："金属之中，孰为贵，孰为贱？"儿曰："金最贵，银次之，铁为下。"父曰："金银虽贵，仅用为钱币及妆饰耳。铁价廉而用广，家居之什物、农工之器具，需铁最多。故无金银，为害犹小；无铁，则百业皆废矣。"

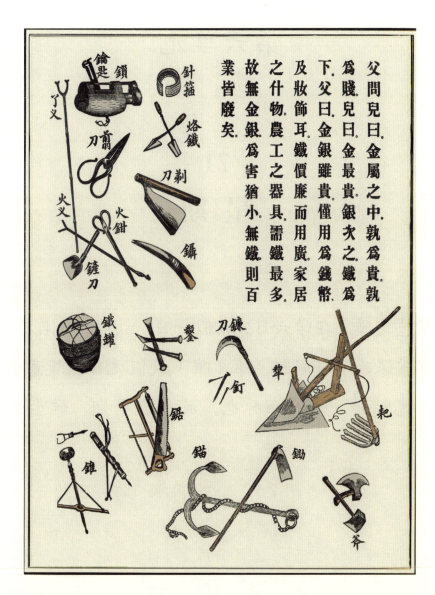

父問兒曰。金屬之中。孰爲貴。孰
爲賤。兒曰。金最貴。銀次之。鐵爲
下。父曰。金銀雖貴。僅用爲錢幣。
及妝飾耳。鐵價廉。而用廣家居
之什物農工之器具。需鐵最多。
故無金銀爲害猶小。無鐵則百
業皆廢矣。

鑰匙　鎖

針箍　烙鐵

丫叉

刀箭

刀剃

火叉　火鉗

鏟刀　鐮

鐵罐　鑿

刀鐮

釘　犁

耙

錐　鋸

錨　鋤

斧

第六单元

21

星 期

学堂定章，在学六日，放假一日。放假日，名曰星期。学堂有常课，不可间断。惟（唯）放假之日，随意出游。所以养息精神，舒畅血脉也。故每遇星期，学生恒外出游览。

學堂定章。在學六日。放假一日。放假日。名曰星期。學堂有常課。不可間斷。惟放假之日隨意出遊。所以養息精神。舒暢血脈也。故每遇星期。學生恆外出遊覽。

22
谦 虚

　　学问、事业，本无止境。稍有所得，即自满足，不独器量浅隘^{ài}，亦自绝之道也。盖自以为足，则无更求进步之心。而骄傲凌人，又足拒谏^{jù jiàn}饰非，人孰愿以正言相告者。譬^{pì}诸水，沟渎^{dú}既盈，何能容江海之量乎？

學問事業本無止境。稍有所得。即自滿足不獨器量淺隘亦自絕之道也。蓋自以為足則無更求進步之心而驕傲凌人又足拒諫飾非人孰願以正言相告者譬諸水溝瀆既盈何能容江海之量乎。

45

23
慎 言

　　言出于口，入于人耳，善则人皆信之，不善则人皆违之。故言不可不慎也。出言失真曰妄。过誉曰夸。无忌惮（jì dàn）曰肆。招尤取侮，皆由于此。欲救其弊，在能存诚敬之心，守谦抑（qiān yì）之度而已。

言出於口，入於人耳，善則人皆信之，不善則人皆違之。故言不可不慎也。出言失真曰妄，過譽曰夸，無忌憚曰肆。招尤取侮，皆由於此。欲救其弊，在能存誠敬之心，守謙抑之度而已。

24

春姑娘吓倒冬老人

　　春姑娘来了，冬老人很气恼，吹着冷的风，要把春姑娘吓跑。

　　春姑娘一笑，暖的风飘飘，暖的太阳出来照，吓得冬老人一交①跌倒。

　　冬老人逃走了，花和叶，虫和草，大家都笑，鸟也出来叫。

①交，旧同"跤"。

春姑娘嚇倒冬老人

春姑娘來了,冬老人很氣惱,吹著冷的風要把春姑娘嚇跑.春姑娘一笑暖的風飄飄暖,的太陽出來照,嚇得冬老人一交跌倒.冬老人逃走了.花和葉,蟲和草,大家都笑鳥也出來叫.

49

第七单元

25
黄帝

黄帝姓姬（jǐ），名轩辕（xuānyuán）。时有蚩尤（chī yóu）作乱。帝与战而胜之，遂杀蚩尤。诸侯尊为天子。

黄帝作弓、矢，以供战争。作舟、车，以利交通。作衣服、器具，以为养生之用。后世利之。

温故——百年老课本美文选读（下）

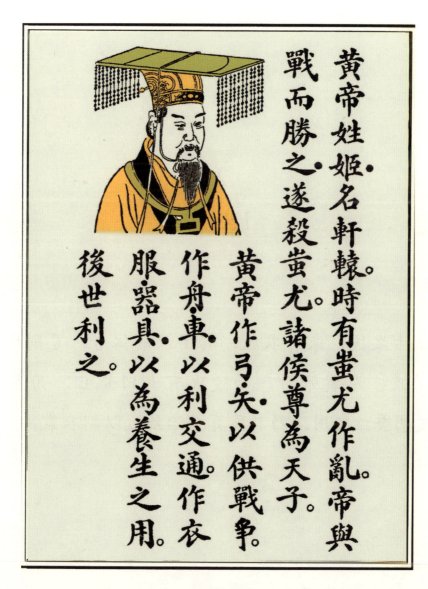

黃帝姓姬。名軒轅。時有蚩尤作亂。帝與戰而勝之。遂殺蚩尤。諸侯尊為天子。

黃帝作弓矢。以供戰爭。作舟車。以利交通。作衣服。器具。以為養生之用。後世利之。

26

嫘祖

上古之民，未有衣服，其用以蔽体者，夏则树叶，冬则兽皮。及黄帝时，西陵氏有女曰嫘祖，为黄帝元妃。发明蚕丝之用。乃教民育蚕治丝，以制衣裳。

上古之民，未有衣服。其用以蔽體者，夏則樹葉，冬則獸皮。及黃帝時，西陵氏有女曰嫘祖，為黃帝元妃。發明蠶絲之用。乃教民育蠶治絲，以製衣裳。

27

禹治水

  上古之时，洪水为灾，民不得安宅。帝舜^{shùn}忧之，命禹治水。禹在外十三年，三过家门，曾不一入，苦心壹志，手足胼胝^{pián zhī}，卒导水入江河，顺流至海。中国之民，始得安居乐业，禹之功伟矣。

上古之時。洪水爲災民不得安宅。帝舜憂之。命禹治水禹在外十三年三過家門曾不一入苦心壹志。手足胼胝。率導水入江河。順流至海中國之民始得安居樂業禹之功偉矣。

28
孔 子

孔子，鲁人也，博学多能，诲人不倦，有弟子三千余人。时世乱，孔子为鲁相三月而国治。鲁不能卒用，孔子去之，周流列国。凡十四年，终不得行其志，乃归鲁著书，以教后世。至今尊为圣人。

孔子。魯人也。博學多能。誨人不倦。有弟子三千餘人。時世亂。孔子爲魯相三月而國治。魯不能卒用孔子。去之周流列國凡十四年終不得行其志。乃歸魯著書以教後世。至今尊爲聖人。

29
孟 母

　　孟子少时读书，其母方织。孟子忽中止。母引刀断其织。诚之曰："汝之废学，犹断斯织也。" 自是之后，孟子乃勤学。

　　孟子见东家杀豚^{tún}。问母曰："东家杀豚，何为？"母曰："欲啖^{dàn}汝。"既而悔曰："子初有知而欺之，是教之不信也。"乃买东家豚肉以食之。

58

孟子少時讀書，其母方織，孟子忽中止。母引刀斷其織，誡之曰：「汝之廢學，猶斷斯織也。」自是之後孟子乃勤學。

孟子見東家殺豚，問母曰：「東家殺豚何為。」母曰：「欲啖汝。」既而悔曰：「子初有知而欺之，是教之不信也。」乃買東家豚肉以食之。

30

改 过

甄琛（zhēnchēn）少敏悟。举秀才，入都逾岁，颇以弈棋（yì）弃日，至乃通夜不止。从者谏曰："郎君辞父母远游，当益以学问自励（lì）。今围棋不息，岂是向京之意？"琛怅（chàng）然惭感，遂从许赤彪假书研读，闻见日优，著书颇行于世。

甄琛少敏悟舉秀才入都逾歲頗以弈棋棄日．至乃通夜不止．從者諫曰．「郎君辭父母遠遊當益以學問自勵。今圍棋不息豈是向京之意。」琛悵然慙感遂從許亦彪假書研讀．聞見日優．著書頗行於世。

61

31

去 伪

　　人之操行，莫先于无伪。能不为伪，虽小善亦有足称。苟出于伪，虽有大善，久之，终不能欺人。故好作大言者，辄以矫厉之行，窃取须臾之誉。或因以得利。明识者窥其隐微，未有不匿笑者。然则虚名可常恃乎？

人之操行.莫先於無偽.能不為偽.雖小善亦有足稱.苟出於偽.雖有大善.久之.終不能欺人.故好作大言者.輒以矯屬之行.竊取須史之譽.或因以得利.明識者窺其隱微.未有不匿笑者.然則虛名可常恃乎.

32

竞 渡

　　端阳竞渡，众集江滨观之。见龙舟十余，排列如雁行。舟旁施彩色，鲜艳夺目。红旗卷舒，与日光相辉映。忽闻锣鼓声起，众舟鼓桨而前，竞逐如飞。其一行最捷，得锦标。众皆欢呼，声如雷动。

端陽競渡眾集江濱觀之見龍
舟十餘排列如雁行舟旁施彩
色鮮豔奪目紅旗卷舒與日光
相輝映忽聞鑼鼓聲起眾舟鼓
槳而前競逐如飛其一行最捷
得錦
標眾
皆歡
呼聲
如雷
動

33
杀 雁

庄子出于山，舍于故人家。故人喜，命竖子杀雁而烹之。竖子请曰："其一能鸣，其一不能鸣，请奚^{xī}杀。"主人曰："杀不能鸣者。"噫！雁以不材，遂先见杀，人可不自儆^{jǐng}乎？

莊子出於山．舍於故人家．故人喜．命豎
子殺雁而烹之．豎子請曰「其一能鳴．其
一不能鳴．請奚殺。」主人曰「殺不能鳴者。」
噫．雁以不材遂先見殺．人可不自儆乎．

34

yù bàng
鹬蚌相争

　　蚌方出曝，鹬啄其肉，蚌合而钳其喙。鹬曰："今
日不雨，明日不雨，即有死蚌。"蚌亦语鹬曰："今日不出，
明日不出，即有死鹬。"两者不肯相舍。渔夫见而并擒之。

蚌方出曝。鷸啄其肉。蚌合而拑其喙。鷸曰今日不雨明日不雨。即有死蚌蚌亦語鷸曰今日不出明日不出。即有死鷸兩者不肯相舍漁夫見而并擒之。

35
鸦好谀

鸦衔肉，止树杪。狐过而欲得之，仰颂之曰："君躯既壮，而羽复泽。吾素闻君善歌，请奏一曲。"鸦悦，张口欲鸣，未发声而肉已落。狐疾取之。复语鸦曰："他日有无故谀君者，君其慎之。"

鴉銜肉。止樹杪。狐過

而欲得之。仰頌之曰君軀既壯、
而羽復澤吾素聞君善歌請奏
一曲鴉悅張口欲鳴未發聲而
肉已落狐疾取之復語鴉曰他
日有無故諛君者君其慎之。

36

羊

　　童子偶游田间，有母羊，向之悲鸣。既前走，又屡顾，似呼童同行者。童异之，随其后，至池旁。见一小羊堕水中，不得出，哀号方急。童知母羊之求援其子也，乃握小羊之角，置之岸上。母羊欢跃，偕^{xié}小羊而去。

童子偶遊田間。有母羊向之悲鳴。既前走。又屢顧。似呼童同行者。童異之。隨其後。至池旁見一小羊墮水中。不得出哀號方急。童知母羊之求援其子也。乃握小羊之角。置之岸上。母羊歡躍。偕小羊而去。

37
宽 厚

元太祖时，轩达布与耶律楚材有隙。尝谮之曰："耶律中书令，率用亲旧，必有二心。"太祖察其诬，置不问。属有讼轩达布者，太祖命楚材鞫之。奏曰："此人倨傲，故易招谤。今将有事南方，他日治之，未晚也。"太祖私谓侍臣曰："楚材不较私仇，真宽厚长者。"

元太祖時·軒達布與耶律楚材有隙嘗譖之曰「耶律中書令率用親舊必有二心」太祖察其誣置不問·屬有訟軒達布者·太祖命楚材鞫之·奏曰「此人倨傲故易招謗·今將有事南方·他日治之未晚也」太祖私謂侍臣曰「楚材不較私讐·真寬厚長者」

格言 不念舊惡怨是用希·

38

自 奋

苏洵少不学。已壮，犹不知书。年二十七，始大发愤，闭户读书，为文辞。既而悉取所为文，焚之。大究六经百家之说，由是下笔顷刻数千言，为一代文宗。

蘇洵少不學已壯猶
不知書年二十七始為
大發憤閉戶讀書
文辭旣而悉取所為文
焚之大究六經百家之
說由是下筆頃刻數千
言為一代文宗

77

39

世界真是快乐场

独坐草地乘风凉，清风拂面精神爽。树儿对我点头笑，花儿为我喷着香。蝴蝶傍我跳回舞，蜜蜂替我做蜜糖。燕子飞来陪伴我，居里居里把歌唱。世界真是快乐场，世界真是快乐场。

世界真是快樂場

獨坐草地乘風涼,
清風拂面精神爽,
樹兒對我點頭笑,
花兒為我噴着香。
蝴蝶傍我跳回舞,
蜜蜂替我做蜜糖,
燕子飛來陪伴我,
居里居里把歌唱,
世界真是快樂場,
世界真是快樂場。

79

40

植树节歌

种树节日种树忙，你拿锄头我拿秧。松柏桃李一株株，大大小小种成行。有的种在小河边，有的种在大路旁。愿他干大枝也粗，愿他叶绿花又香。今朝小小一株树，他年高高百尺长。种罢归来唱一曲，不觉辛苦不觉忙。

植樹節歌

植樹節日種樹忙，你拿鋤頭我拿秧

松柏桃李一株株，大大小小種成行

有的種在小河邊，有的種在大路旁

願他幹大枝也粗，願他葉綠花又香

今朝小小一株樹，他年高高百尺長

種罷歸來唱一曲，不覺辛苦不覺忙

41

万里长城

我国北方，自昔有匈奴^{xiōng nú}之患^{huàn}。燕、赵诸国，筑城以防之，各保疆土，不相联属。及始皇伐匈奴，大败之，乃修筑旧城，合而为一，后世号为万里长城。年久颓^{tuí}废，累加修筑。今所存者，东起山海关，西至嘉峪^{jiā yù}关，长凡五千余里，为世界著名之巨工。

我國北方，自昔有匈奴之患。燕趙諸國築城以防之，各保疆土不相聯屬。及始皇伐匈奴大敗之，乃修築舊城合而為之。後世號為萬里長城，年久頹廢，累加修築。今所存者，東起山海關，西至嘉峪關，長凡五千餘里，為世界著名之鉅工。

42

长 江

　　我国大川，以长江为最著，长凡九千九百余里。其源发自青海，东南流，经四川西境，以入云南。折而东北，仍由四川东境，流经湖北、湖南、江西、安徽、江苏，而入于海。下游水深而阔，支流甚多，既利交通，尤便灌溉。故其南北两岸，皆为富庶之区。

我國大川。以長江為最著。長凡九千九百餘里。其源發自青海東南流。經四川西境以入雲南。折而東北。仍由四川東境流經湖北。湖南江西。安徽江蘇而入於海下游水深而闊支流甚多。既利交通尤便灌溉。故其南北兩岸。皆為富庶之區。

85

43

黄 河

黄河，我国第二大川也。源亦出于青海。由甘肃入蒙古。折而南，经山西、陕西之间。出龙门，折而东，经河南、直隶（今河北）、山东入海。长凡八千八百余里。

黄河上流，多行山谷中，自高而下，水势湍急。出龙门，行于平地，势即纡缓，致泥沙随处淤垫，河身渐高，沿河之地，反低于河身，于是筑堤防之。及春、秋水涨，往往溃堤四出，为害甚烈。

黃河我國第二大川也。源亦出於青海由
甘肅入蒙古。折而南經山西陝西之間出
龍門折而東經河南直隸山東入海長凡
八千八百餘里

黃河上流多行山谷中。自高而下。水勢湍
急。出龍門行於平地勢即紆緩致泥沙隨
處淤墊河身漸高沿河之地反低於河身。
於是築隄防之。及春秋水漲往往潰隄四
出為害甚烈。

44

元 旦

　　元旦，兄偕^{xié}弟，赴叔父家贺年。闻乐声，弟悦甚。
叔父曰："汝喜之乎？吾任汝弄之。"弟吹喇叭，不成声；
击锣鼓，又不中节。兄谓弟曰："游戏小事，不习不能，
况学问乎？"

元旦。兄偕弟赴叔父家賀年。聞樂聲。弟悅甚。叔父曰汝喜之乎。吾任汝弄之。弟吹喇叭不成聲。擊鑼鼓。又不中節。兄謂弟曰遊戲小事。不習不能。況學問乎。

45

廉 洁

广德东郭有老人，家甚贫。晨起汲水，见道旁有遗囊，拾而归，以待访者。闻有徽商，索于旅舍。老人往谓之曰："子所遗囊，余得之。彼何咎^{jiù}耶？"举以授之，约二百余金。商感之，酬以半。老人曰："吾无银，犹故我也。君无银，将不能归。"卒不受。

廣德東郭有老人・家甚貧・晨起汲水・
見道旁有遺囊拾而歸・以待訪者・聞
有徽商索於旅舍・老人往謂之曰「子
所遺囊余得之・彼何咎耶」舉以授之・
約二百餘金商
感之・酬以半・老
人曰「吾無銀猶
故我也・君無銀・
將不能歸」卒不
受。

格言　臨財毋苟得。

91

46

报 德

　　淮阴人韩信，少时家贫，无以为生。乃钓于城下。
有一漂母哀之，饭信数十日。信谓漂母曰："吾必重报母。"
母曰："吾哀王孙而进食，岂望报乎？"后数年，信从
汉高祖成帝业，封楚王。召所从食漂母，酬千金以报之。

淮陰人韓信，少時家貧無以為生，乃釣於城下。有一漂母哀之，飯信數十日。信謂漂母曰「吾必重報母」母曰「吾哀王孫而進食，豈望報乎」後數年，信從漢高祖成帝業，封楚王，召所從食漂母，酬千金以報之。

格言 以德報德。

93

47

夏至谚

夏至后，一九至二九，扇子不离手。三九二十七，冰水甜如蜜。四九三十六，拭汗如出浴。五九四十五，树头秋叶舞。六九五十四，乘凉不入寺。七九六十三，上床寻被单。八九七十二，被单添夹被。九九八十一，家家打炭墼。

夏至諺

夏至後。

一九至二九。扇子不離手。

三九二十七。冰水甜如蜜。

四九三十六。拭汗如出浴。

五九四十五。樹頭秋葉舞。

六九五十四。乘涼不入寺。

七九六十三。上牀尋被單。

八九七十二。被單添夾被。

九九八十一。家家打炭墼。

95

48

山 歌

做天难做四月天：蚕要温和麦要寒，卖菜哥哥要落雨，采桑娘子要晴干。

做地莫做热闹场：下挖沟池上打墙，砖瓦十年三反覆，草不回青花不香。

做人莫做富家翁：朝积金银夜积铜，积得钱多无用处，千家叫苦万家穷。

做天難做四月天，蠶要溫和麥要寒；
賣菜哥哥要落雨，採桑娘子要晴乾。

☆

做地莫做熱鬧場：
甎瓦十年三反覆，下挖溝池上打牆；
草不回青花不香。

☆

做人莫做富家翁：
朝積金銀夜積銅；
積得錢多無用處，千家叫苦萬家窮。

97

【乙编】

49

杨 柳

　　杨柳，随处可种，临水尤宜。春初发叶，旋开黄花。及春末，叶渐多。花中结实，细而黑。蕊^{ruǐ}落，有絮^{xù}绽出，质软如棉，色白如雪，随风飞舞，散于各处。

楊柳。隨處可種。臨水
尤宜。春初發葉。旋開黃花。及春末葉漸
多。花中結實。細而黑。蕊落有絮綻出。質
輕如棉。色白如雪。隨風飛舞散於各處。

50
麦

  凡谷之类，皆春生而秋熟，惟（唯）麦不然。其种也以季秋，其获也以仲夏。性喜燥，我国西北诸省，产麦最多。

  三四月之交，南风拂拂，麦苗方秀。闲行陇亩间，但见一碧无际，荡漾如波浪，真足观也。

凡穀之類皆春生而秋熟惟麥不然。其種也以季秋其穫也以仲夏。性喜燥我國西北諸省產麥最多。三四月之交南風拂拂麥苗方秀。開行隴畝間。但見一碧無際蕩漾如波浪眞足觀也。

51

桑

桑有二种，曰野桑，曰家桑。野桑干高枝密，不易枯萎。家桑短小，经十余年，必更植之，然叶大而茂，发生较早，最宜饲蚕之用，故人多种之。

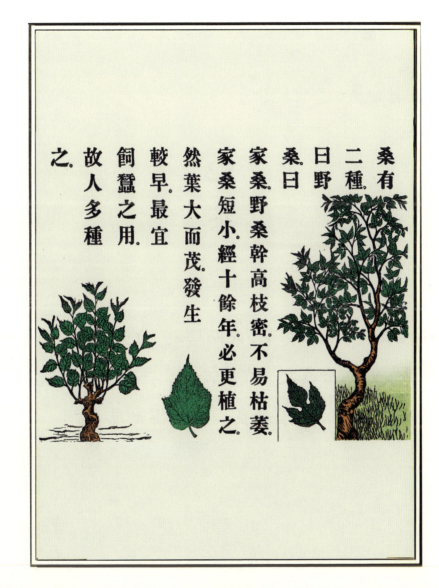

桑有二種。曰野桑。曰家桑。野桑幹高枝密。不易枯萎。家桑短小。經十餘年。必更植之。然葉大而茂發生較早最宜飼蠶之用。故人多種之。

52

茶

茶生山中。仲春发芽，采而焙^{bèi}之，红者味浓，绿者味清，可以解渴，故人皆喜之。我国南方，产茶最多，获利亦厚。若种植焙制之法，更求精良，则所得尤厚矣。

茶生山中仲春發芽.採而焙之。

紅者味濃.綠者味清.可以解渴。

故人皆喜之。

我國南方產

茶最多獲利

亦厚.若種植焙製之法更求精

艮.則所得尤厚矣。

53

鸦

老鸦渴甚，见庭有水壶，欲饮之。壶深水浅，鸦竭力伸喙，卒不得水。仰首若有所思。忽飞去，衔小石至，投壶中，往返十余次。石积水升，鸦渴遂解。

老鴉渴甚。見庭有水壺欲飲之。壺深水淺鴉竭力伸喙卒不得水。仰首若有所思忽飛去。銜小石至投壺中往返十餘次。石積水升鴉渴遂解。

54
戒矜

李泌少极聪敏，方七岁，即能为文。尝作《长歌行》，见者莫不称赏。张九龄戒之曰："藏器于身，古人所重。今君早得美名，必有所折。宜自韬晦，庶几成德。"泌因有悟，泣谢再三，从此不复矜炫。

李泌少極聰敏　方七
歲即能為文　嘗作
長歌行　見者莫不稱
賞　張九齡戒之曰
藏器於身　古人所重
　今君早得美名　必
有所折　宜自韜晦
庶幾成德　泌因有悟
　泣謝再三　從此不
復矜衒

55

友 爱

　　杨椿^{chūn}与其弟津，并敦^{dūn}义让，有一美味，不集不食。津为肆州，椿在京宅，每有四时佳味，辄因使附寄之。若或未寄，不先入口。

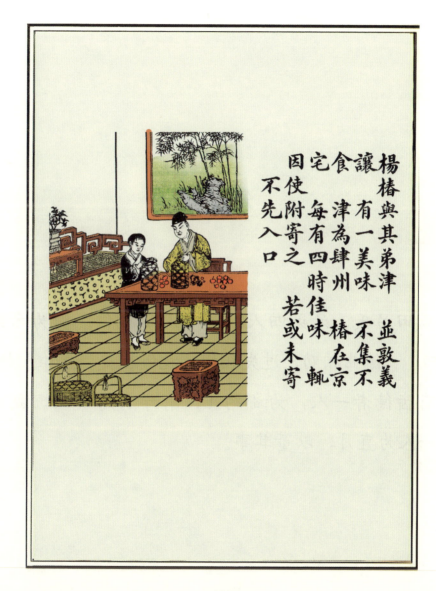

楊椿與其弟津並敦義
讓有一美味不集不
食津為肆州椿在京
宅每有四時佳味輒
因使附寄之若或未寄
不先入口

56

乡 党

　　蓝田吕氏，兄弟四人，为乡人所敬信。尝为乡约四条，曰："德业相劝，过失相规，礼俗相交，患难相恤^(xù)。"公推有齿德者一人，为都约正；有学行者二人，副之；月推一人为直月，以董其事。

藍田呂氏　兄弟四人　為鄉
人所敬信　嘗為鄉約四條
曰德業相勸　過失相規
禮俗相交　患難相卹　公推
有齒德者一人　為都約正
有學行者二人　副之　月推
一人為直月　以董其事

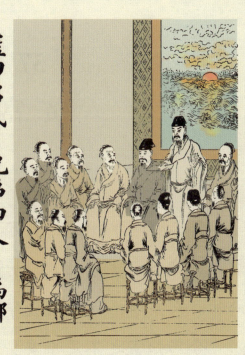

57

贫 富

姜、彭二生同学。姜生家贫，冠履多敝。彭生衣华服，过而炫之。姜生不顾，旦夕勤学，每试，辄高列。卒业后为讲师，家亦渐裕。彭生废学，历久无成，赀尽而困。叹曰："今乃知富之不足恃矣！"

姜彭二生同學。姜生家貧冠履多敝。彭生衣華服。過而炫之。姜生不顧。且夕勤學。每試輒高列。卒業後爲講師。家亦漸裕。彭生多做。廢學歷久無成。貲盡而困。歎曰。今乃知富之不足恃矣。

58

kuáng
牧童诳语

牧童驱羊于近村，大呼狼至。村人争出，觅狼，无所得。牧童大笑，喜人之被诳也。已而狼果至，牧童惊号曰："众速来，狼食吾羊矣！"声嘶力竭。闻者又以为诳也，皆莫至。狼遂尽羊而去。

牧童驅羊於近村。大
呼狼至。村人爭出
狼無所得。牧童大
笑。喜人之被誑也。
已而狼果至。牧童
驚號曰。衆速
來。狼食吾羊
矣。聲嘶力竭。
聞者又以
爲誑也。皆
莫至。狼遂
盡羊而去。

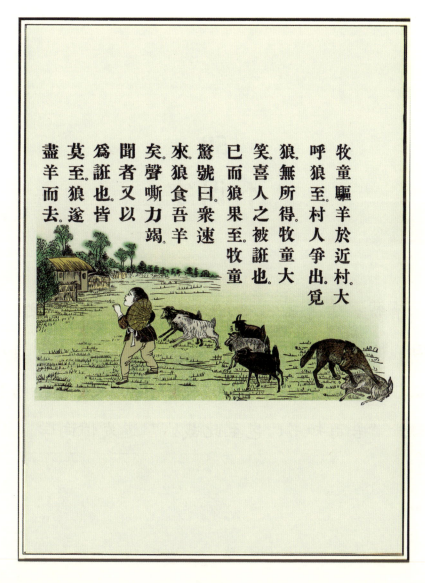

119

59
不识字

　　山有虎，害人畜。猎人谋捕虎，设阱^{jǐng}以伺^{sì}之。大书墙上曰："下有虎阱，行人止步。"乡人不识字者，过墙下，误蹴^{cù}之，坠阱，伤足，大呼求援。既出，人指墙上书告之。乃叹曰："吾苟知书，岂至此哉！"遂发愤向学。

山有虎害人畜。獵人謀捕虎設阱以伺之大書牆上曰。下有虎阱。行人止步。鄉人不識字者過牆下誤蹴之墜阱傷足大呼求援旣出。人指牆上書告之乃歎曰吾苟知書豈至此哉遂發憤向學。

下有虎阱
行人止步

60

多食之害

　　廖儿非时索食，母不许，曰："一日三餐，皆有定时，足以充饥。若恣口腹之欲，饮啖无节，则胃中多积滞，非养身之道也。"故饼饵之属，偶食无伤，岂可以为常乎？

廖兒非時索食，母不許，曰一日三餐，皆有定時，足以充飢，若恣口腹之欲，飲啜無節，則胃中多積滯，非養身之道也。故餅餌之屬，偶食無傷，豈可以爲常乎。

61
威 仪

　　朱熹之修身也，其色庄，其言厉，其行舒而恭，其坐端而直。威仪容止之则，自少至老，祁寒盛暑，造次颠沛，未尝有须臾之离也。

朱熹之修身也　其色莊
其言厲　其行舒而恭
其坐端而直　威儀容
止之則　自少至老祁
寒盛暑　造次顛沛未
嘗有須臾之離也

125

62
孝 道

　　小乌反哺^{bǔ}，报母勤劬^{qú}，此人人所知。然乌为鸟类，长成至易。人则自其初生，至于成立，岁月淹久，亲恩尤厚，故图报宜殷。

　　报亲之道，安乐其身，顺承其志。而洁身修行，勿贻^{yí}父母忧辱，又孝之大者也。

小烏返哺，報母勤劬，此人人所知。然烏為鳥類，長成至易，人則自其初生至於成立，歲月淹久，親恩尤厚，故圖報宜殷。報親之道，安樂其身，順承其志，而潔身修行，勿貽父母憂辱，又孝之大者也。

格言 人之行莫大於孝。

127

63

慈 幼

　　人各有幼稚之时。我之幼也，衣、食、行动，以常受人扶助，渐得自立。今见他人之幼稚，岂忍淡漠置之乎？闻其啼哭，则抚慰之。见其倾跌，则扶持之。知其失误，则匡^{kuāng}正之。悯^{mǐn}其疾痛，则调护之。皆年长者之责也。

人各有幼稚之時。我之幼也。衣食行動。以常受人扶助漸得自立。今見他人之幼稚。豈忍淡漠置之乎。聞其啼哭則撫慰之。見其傾跌則扶持之。知其失誤則匡正之。憫其疾痛則調護之。皆年長者之責也。

129

64
尚 义

荀巨伯远视友人疾。值寇贼攻郡，友人请巨伯速去。巨伯曰："毁义求生，岂荀巨伯所为耶？"贼既至，谓巨伯曰："大军至，众皆奔避。汝何人，而敢独留？"巨伯曰："友人有病，不忍委之。"贼相谓曰："我辈无义之人，不可以入有义之国。"遂引去。

荀巨伯遠視友人疾。值寇賊攻郡，友人請巨伯速去。巨伯曰：「敗義求生，豈荀巨伯所為耶。」賊既至，謂巨伯曰：「大軍至，眾皆奔避。汝何人而敢獨留。」巨伯曰：「友人有病，不忍委之。」賊相謂曰：「我輩無義之人，不可以入有義之國。」遂引去。

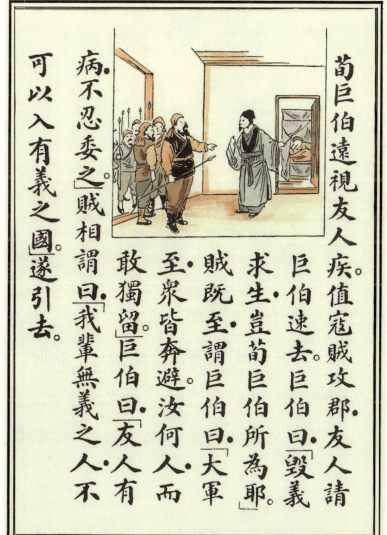

131

65

蜜 蜂

庭花盛开。蜜蜂往来枝间，吸花之甜汁，酿蜜于房。以为冬日之粮。其房以蜡为壁，簇聚如球。秋时，割其房，取蜜，可以调味，可以制药。故养蜂之利甚大。

庭花盛開。蜜蜂往來枝間．吸花之甜汁釀蜜於房。以為冬日之糧。其房以蠟為壁。簇聚如毬。秋時割其房取蜜。可以調味。可以製藥。故養蜂之利甚大。

133

66

蝴 蝶

　　蝴蝶止于花上，临风展翼，美丽悦目。妹喜，欲扑而取之。姊曰："蝴蝶之翅，有粉甚毒，能伤目，口鼻吸之，为害尤大，慎勿扑也。"妹从之。

蝴蝶止於花上。臨風展翼。美麗悅目。妹喜。欲撲而取之。姊曰。蝴蝶之翅。有粉甚毒。能傷目口鼻吸之。為害尤大。慎勿撲也。妹從之。

67

二 蟆
má

　　二蟆同居小池。天久不雨，池涸，议他徙。路过一
井。其一悦之，将跃入。其一曰："井水固佳，苟有他
故，不适吾意，又焉能出。"故但顾目前，不图其后者，
取祸之道也。

二蟆同居小池。天久不雨．池涸．議他徙。路過一井．其一悅之．將躍入．其一旦「井水固佳．苟有他故．不適吾意．又焉能出。」故但顧目前．不圖其後者．取禍之道也。

137

68

驴遇虎

　　驴蒙虎皮。群兽畏之，无敢近者。驴自喜得计，时时出行，以威群兽。一日，遇虎。虎以为同类也，就而与游。驴骇^{hài}极，大鸣，弃皮而遁，数里不敢息。

驢蒙虎皮群獸畏之，無敢近者。驢自喜
得計。時時出行，以
威群獸。一日遇虎。
虎以為同類也，就
而與遊。驢駭極大
鳴，棄皮而遁數里
不敢息。

69
守法律

一国之中，人类不齐。欲彼此相安，必有恃乎法律。

法律者，所以定国民之分。如其举动违法，或侵损个人权利，或扰害公众治安，则国家按律惩之。良善者安其生业，强暴者遏其邪心，皆法律之效也。吾人既受法律之益，故有守法律之义务。

一國之中。人類不齊。欲彼此相安。必有恃乎法律。

法律者所以定國民之分。如其舉動違法。或侵損箇人權利或擾害公眾治安則國家按律懲之。良善者安其生業。強暴者遏其邪心。皆法律之效也。吾人既受法律之益。故有守法律之義務。

141

70

纳 税

　　人民受国家保护，安居乐业，故对于国家，有纳税之义务。国家设官分职，为民理事。养兵备械，为民御侮。其费用皆出于是。

　　文明国人，视国事如己事。输纳国税，惟（唯）恐后时。故国用无不足，国事亦无不举也。

人民受國家保護・安居樂業・故對於國家・有納稅之義務。國家設官分職為民理事。養兵備械為民禦侮其費用皆出於是。文明國人視國事如己事。輸納國稅・惟恐後時。故國用無不足・國事亦無不舉也。

71

谨 慎

　　吕希哲方十岁，日必冠带以见长者。虽盛暑，不去巾袜，不入茶肆、酒肆。市井里巷之语，未尝经耳。不正之书，未尝经目。

呂希哲方十歲日必
冠帶以見長者雖盛
暑不去巾襪市井里巷
茶肆酒肆未嘗經耳不
之語未嘗經目
正之書

72

什么时候好

　　什么时候好？春天早晨好。看不厌，听不了，园里鲜花树上鸟。

　　什么时候好？夏天早晨好。月光淡，星光小，绿柳枝头风袅袅。

　　什么时候好？秋天早晨好。叶半红，花半老，点点露珠沾百草。

　　什么时候好？冬天早晨好。雪在山，冰在沼^{zhǎo}，满瓦霜花白皓皓^{hào hào}。

什麼時候好？
春天早晨好，
看不厭，聽不了，
園裏鮮花樹上鳥。

什麼時候好？
夏天早晨好，
月光淡，星光小，
綠柳枝頭風嫋嫋。

什麼時候好？
秋天早晨好，
葉半紅，花半老，
點點露珠霑百草。

什麼時候好？
冬天早晨好，
雪在山，冰在沼，
滿瓦霜花白皓皓。

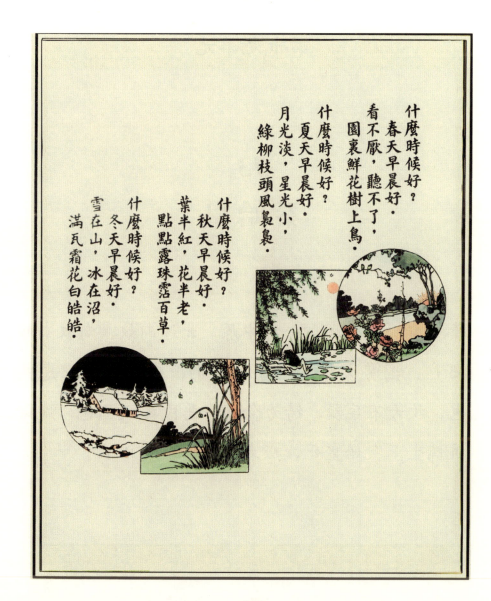

73

秦始皇

秦始皇并吞六国，一统中原，北逐匈奴，南取南越。土地日广，国势大振。然重税繁刑，虐待人民。虑民之叛己也，收天下兵器，铸为金人。恶民之议己也，烧诗、书，坑儒生。及始皇死，叛者群起，秦遂以亡。

秦始皇併吞六國。一統中原。北逐匈奴南取南越。土地日廣國勢大振。然重稅繁刑虐待人民。慮民之叛己也。收天下兵器鑄為金人。惡人民之議己也。燒詩書坑儒生。及始皇死叛者羣起秦遂以亡。

149

74
汉武帝

　　汉武帝雄才大略，善用兵。时西南夷颇强盛，帝遣使通之，皆内属。会月氏与匈奴有怨，帝遣张骞往觇^{qiān chān}之。及归，详述西域地势，及物产、风俗。乃遣兵往征。匈奴、月氏诸国，先后臣服。中国之威，震于绝域矣。

漢武帝雄才大略。善用兵時西南夷頗強
盛帝遣使通之皆內屬會月氏與匈奴有
怨帝遣張騫往覘之及歸詳述西域地勢
及物產風俗乃遣兵往征匈奴月氏諸國。
先後臣服中國之威震於絕域矣。

75

诸葛亮

　　诸葛亮隐居南阳。刘备三顾其庐，始得见。与语，大悦，遂出任事。及备即帝位，亮为丞相。帝崩，受遗诏^{zhào fǔ}辅后主。时南夷不服，率军征之。夷酋孟获，以勇悍著，亮欲服其心，七擒而七纵之。获止不复去。南方既平，更北出伐魏。与魏将司马懿^{yì}相持不下。旋以病卒于军。

諸葛亮隱居南陽。劉備三顧其廬。始得見。與語。大悅遂出任事。及備即帝位。亮為丞相。帝崩受遺詔輔後主。時南夷不服率軍征之。夷酋孟獲以勇悍著。亮欲服其心七擒而七縱之。獲止不復去。南方既平更北出伐魏。與魏將司馬懿相持不下。旋以病卒於軍。

76
唐太宗

唐太宗勇而知兵。佐^{zuǒ}高祖成帝业，海内渐定，乃复用兵于域外。

太宗既即位，以突厥^{jué}最强，首命李靖^{jìng}讨破之。又遣将击吐蕃^{Tǔ bō}，伐高丽，辟地日广。

太宗锐于图治，能用贤。自东晋以降，扰乱二百余年，至是，乃复睹^{dǔ}治平之象矣。

唐太宗勇而知兵。佐高祖成帝業。海內漸定。乃復用兵於域外。

太宗既即位以突厥最強首命李靖討破之。又遣將擊吐蕃伐高麗闢地日廣。

太宗銳於圖治能用賢。自東晉以降擾亂二百餘年至是乃復覩治平之象矣。

77

教 育

人之初生，愚昧无知。及其渐长，知识能力，始渐充足者，教育之功也。

境遇有贫富，性质有贤愚，所受教育之分量，势不能齐等。惟（唯）教育初步，程度至浅。既名之曰人，即有学为人之道。最初之教育，亦仅学为人而已。

今日所在之学校，为施行初步教育之地。凡为父、母者，使子、女及时入学，亦国民义务之一也。

人之初生・愚昧無知。及其漸長・知識能力・始漸充足者教育之功也・境遇有貧富・性質有賢愚・所受教育之分量勢不能齊等。惟教育初步・程度至淺既名之曰人即有學為人之道・最初之教育・亦僅學為人而已。今日所在之學校為施行初步教育之地。凡為父・母者・使子・女及時入學亦國民義務之一也。

格言　國家基礎在少年教育。

78

敬 师

  荀攸^{yōu}字公达，甚为魏太祖所器。文帝在东宫，太祖谓曰："荀公达，人之师表也。汝当尽礼敬之。"攸曾病，世子问病，独拜床下，其尊异之如此。

荀攸字公達，甚為魏太祖所器，謂曰：文帝在東宮，太祖荀公達，人之師表也，汝當盡禮敬之。攸曾病，世子問病，獨拜牀下，其尊異之如此。

79
空 气

　　空气者，视之无形，听之无声，嗅之无臭味，吾人生息其间，未尝觉也。惟（唯）挥扇时，觉有凉风拂面，则空气动也。空气动，即谓之风。

　　人、畜数日不饮食，犹不致死。若断其空气，俄顷即毙(bì)。故善养生者，其居室必多辟窗牖(yǒu)。朝夕游散，常在空旷之地。则所吸空气，自无秽浊之患。

空氣者。視之無形。聽之無聲。嗅之無臭味。吾
人生息其間。未嘗覺也。惟揮扇時。覺有涼風
拂面則空氣動也。空氣動。即謂之風。
人畜數日不飲食。猶不致死。若斷其空氣。俄
頃即斃。故善養生者。其居室必多闢窗牖。朝
夕遊散。常在空曠之地。則所吸空氣自無穢
濁之患。

161

80

音 乐

　　审察声音，而施之以节拍，是为音乐。音乐感人最深，能使人乐，能使人悲，能使人奋起。其为器也，或丝，或竹，或金、革。其为声也，轻重高下，各有定法。有时若抑而忽扬，由徐而转疾，则音响美妙，益能动人。

　　古之学校，礼、乐并习。礼以节其进退，乐以和其心志。今学校中有唱歌一科，盖亦行古之道也。

審察聲音而施之以節
拍是為音樂。音樂感人
最深能使人樂能使人
悲能使人奮起其為器
也或絲或竹或金革其
為聲也輕重高下各有
定法。有時若抑而忽揚。
由徐而轉疾。則音響
美妙。益能動人。
古之學校禮樂並習禮以節其進退樂以和
其心志。今學校中有唱歌一科蓋亦行古之
道也。

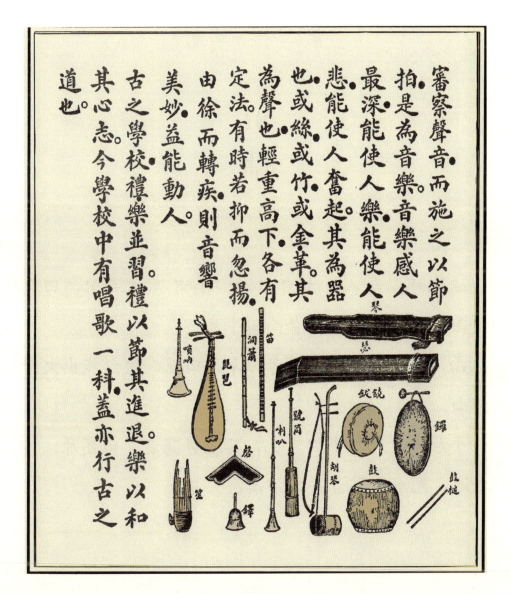

81
陆

　　陆地可以居人，大者曰洲；小者孤立海中，曰岛；三面在水，一面连大陆者，曰半岛。

　　山，突起于平地，小者曰阜，曰丘、陵；能出火者，曰火山。

　　平原者，地之平坦者也，其地势高者，曰高原；沙、石之地，无水、草者，曰沙漠。

陸地可以居人，大者曰洲，小者孤立海中曰島。三面在水，一面連大陸者曰半島。

島中曰島，三面在水，一面連大陸者曰半島。

山突起於平地，小者曰阜，曰邱、陵，能出火者曰火山。

平原者，地之平坦者也，其地勢高者曰高原，沙、石之地無水、草者曰沙漠。

82

水

地面之水，大者曰洋，其次曰海；海水弯入陆地，可以泊舟者，曰海湾，亦曰港。

大陆之上，有低地潴^{zhū}水者，曰湖，曰泊；其小者曰池。

流通地面之水为江河。在山间者，为溪涧^{jiàn}。其自高处倾泻而下，遥望之，如悬空之布，是为瀑布。

地面之水·大者曰洋·其次曰海·海水彎
入陸地·可以泊舟者·曰海灣·亦曰港。
大陸之上·有低地瀦水者·曰湖·曰泊·其
小者曰池。
流通地面之水·為江河。在山間者·為溪
澗。其自高處傾瀉而下·遙望之·如懸空
之布·是為瀑布。

83

雨

地面之水，为日光所蒸，化汽上升，聚而为云。云遇冷，凝为水点，滴沥下降，是为雨。

不见夫釜中沸水乎？水热化汽而上腾，此成云之理也。汽冷则聚为水点，此成雨之理也。

地面之水，為日光所蒸化汽上升，聚而為雲，雲遇冷凝為水點，滴瀝下降，是為雨。

不見夫釜中沸水乎，水熱化汽而上騰，此成雲之理也，汽冷則聚為水點，此成雨之理也。

84

báo

雹

祝儿与父立廊下。忽见阴霾四布，大风猝至，空中冰块，堕地有声。儿大骇。父曰："是名雹。空中水汽，将成雨点，忽为高处冷风所吹，骤结冰块，错杂下降。害田禾，伤人畜，毁庐舍，往往成巨灾也。"

祝兒與父立廊下。忽見陰霾四佈。大風

猝至。空中冰塊墮地有聲。兒大駭。父曰。

「是名雹。空中水汽。將成雨點。忽為高處

冷風所吹。驟結冰塊。錯雜下降。害田禾。

傷人畜。毀廬舍。往往成巨災也。」

171

85
造 屋

造屋之法，屋基宜高，所以远潮湿也；沟道宜广，所以泄潴秽也；窗户宜多，所以通空气透日光也；厨房厕所宜隔远，所以避烟灰及浊气也。否则不适于卫生。人居其中，必多疾病。

造屋之法。屋基宜高所以遠潮溼也。溝道宜廣。所以洩瀦穢也。窗戶宜多所以通空氣透日光也。廚房廁所宜隔遠所以避煙灰及濁氣也。否則不適於衞生。人居其中。必多疾病。

86

<ruby>勿<rt></rt>谩<rt>mán</rt>语</ruby>

司马光幼时，与其姊共弄胡桃，欲脱其皮，不得。姊去。<ruby>婢<rt>bì</rt></ruby>以汤脱之，光大喜，持往告姊，曰："吾能脱之矣！"父呵曰："小子何得谩语！"光自是改过，终身无谩语。

司馬光幼時。與
其姊共弄胡桃。
欲脫其皮不得。
姊去。婢以
湯脫之。光
大喜。持往
告姊曰吾
能脫之矣。父呵曰小子何得謾
語。光自是改過終身無謾語。

175

87

治产

樊（fán）重世善农稼（jià），好货殖（zhí）。其治理产业，无弃物，无冗役（rǒng yì）。上下尽力，家财岁增。尝辟田三百余顷，广建庐舍。凡池鱼、牧畜，有求必给。尝欲作器物，先种梓（zǐ）、漆，时人嗤（chī）之。及其后成材，笑者咸求假焉。积资巨万，而赈赡（zhènshàn）宗族，恩加乡里。

樊重世善農稼．好貨殖．其治理產業．
無棄物無冗役上下盡力．家財歲增．
嘗闢田三百餘頃．
廣建廬舍凡池魚
牧畜有求必給嘗
欲作器物．先種梓
漆時人嗤之及其
後成材笑者咸求
假焉．積資巨萬而
賑贍宗族恩加鄉里。

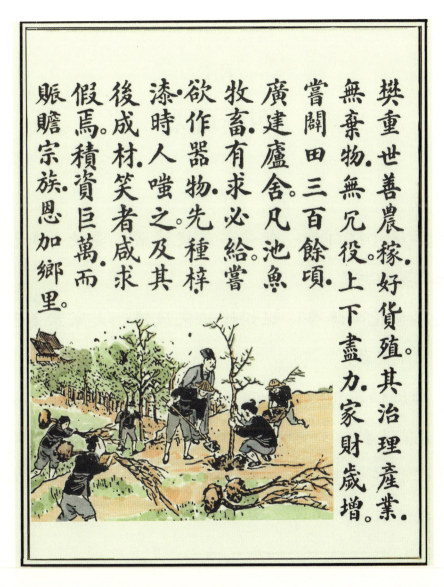

88

四季玩耍

春季花开红白黄，哥哥弟弟捉迷藏；要使哥哥捉不着，你我躲在甚地方？

夏季荷花阵阵香，姐姐妹妹乘风凉；大家拿着团圞(luán)扇，扑得流萤瓶里藏。

秋季凤仙花正红，女孩看着乐融融；采得花儿染指甲，十指尖儿点点红。

冬季梅花雪里开，三朋四友上楼来；远看梅花和白雪，画幅图来该不该？

春季花開紅白黃，哥哥弟弟捉迷藏;

要使哥哥捉不著，

你我躲在甚地方?

夏季荷花陣陣香，姐姐妹妹乘風涼;

大家拿著團團扇，

撲得流螢瓶裏藏.

秋季鳳仙花正紅，

女孩看著樂融融;

採得花兒染指甲，

十指尖兒點點紅.

冬季梅花雪裏開，

三朋四友上樓來;

遠看梅花和白雪，

畫幅圖來該不該?

89
^{qǐ}杞人忧天

杞国有人，忧天崩坠，身无所寄，因废寝食。客往晓之，曰："天积气耳，无处无气，汝行动呼吸，终日在积气之中，何忧崩坠耶？"杞人乃悟。

杞國有人憂天崩墜。身無所寄。因廢寢食。客往曉之曰。天積氣耳。無處無氣。汝行動呼吸終日在積氣之中。何憂崩墜耶。杞人乃悟.

90
刻舟求剑

昔楚人有渡江者，及中流，坠其剑。急以爪刻其舷，曰："此吾剑所从坠也。"至岸，遂从所刻处，没水求之。卒不得。舟人谓之曰："舟行剑不行，君欲得坠剑，其返求之中流乎！"楚人始悟。

昔楚人有渡江者。及中流。墜其劍。急以爪刻其舷曰此吾劍所從墜也。至岸遂從所刻處沒水求之。卒不得。舟人謂之曰。舟行劍不行。君欲得墜劍。其返求之中流乎。楚人始悟。

91

绣花枕

　　董生性不嗜^{shì}学，日事修饰。见他人衣服有胜己者，辄归求诸母，必得之而后已。入学数年，业无所进。同学皆非笑之，号为绣花枕，喻其外观虽美，而中实茅塞^{máo sè}也。

董生性不嗜學。日事修飾。見他人衣服有勝己者。輒歸求諸母。必得之而後已。入學數年。業無所進。同學皆非笑之。號爲繡花枕。喻其外觀雖美。而中實茅塞也。

92

不洁之害

　　吕生蓬首垢面，衣服污秽。书籍器具，杂陈几上。室中唾<ruby>洟<rt>yí</rt></ruby>满地，尘埃堆积，不事洒扫。其师责之，吕生曰："我志在读书，无暇及此。"师曰："卫生之道，清洁为主，若以读书而伤生，非所宜也。"

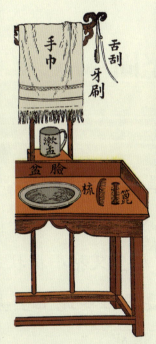

呂生蓬首垢面。衣服汚穢。書籍
器具。雜陳几上。室中唾洟滿地。
塵埃堆積。不事灑掃。其師責之。
呂生曰。我志在讀書。無暇及此。
師曰。衛生之道清潔為主若以
讀書而傷生。非所宜也。

93
根本要坚固

　　松生拿一棵小树，种在园里。忽然起了一阵大风，把他吹倒。大风过后，松生把小树扶起。忽然下了一阵大雨，又把他打倒。大雨过后，松生又把小树扶起。

　　爸爸看见了，说道："你要多堆些泥土上去，使他根本坚固，才不怕强暴的风雨来摧残。"

松生拿一棵小樹種在園裏忽然起了一陣大風把他吹倒大風過後松生把小樹扶起忽然下了一陣大雨又把他打倒大雨過後松生又把小樹扶起爸爸看見了說道「你要多堆些泥土上去使他根本堅固才不怕強暴的風雨來摧殘」

94

尊重名誉

人有不可侵犯者，曰身体，曰财产，曰名誉。他人之身体、财产、名誉，我不得侵犯之。亦犹我之身体、财产、名誉，他人不得侵犯之也。

杀人劫财，人皆知为法律所不许。至于伤人名誉，恒情易忽。岂知毁谤他人，使受侮辱，或蒙损害，亦为法律所禁。如或犯之，应负赔偿之责也。

人有不可侵犯者。曰身體。曰財產。曰名譽。

他人之身體。財產。名譽。我不得侵犯之。亦

猶我之身體。財產。名譽。他人不得侵犯之

也。

殺人劫財。人皆知為法律所不許。至於傷

人名譽。恆情易忽。豈知毀謗他人。使受侮

辱。或蒙損害。亦為法律所禁。如或犯之。應

負賠償之責也。

95

博 爱

鹿相呼以食，鱼相濡以沫，爱其类也。凡生物俱爱其类，故人亦爱其类。

父、母、兄、弟、夫、妇，推及戚、族、朋友，其相爱之情，俱出于自然。至于众人，较疏远矣。然既为人类，则休戚利害，不容漠视也。

我既饱暖，当念及人之饥寒。我既安乐，当念及人之困厄。既念之，必有以救助之。时存此心，时行此事，是之谓博爱。

鹿相呼以食魚相濡以沫愛其類也凡生

物俱愛其類故人亦愛其類。

父母兄弟夫婦推及戚族朋友其相愛之

情俱出於自然。至於衆人較疏遠矣然既

為人類則休戚利害不容漠視也。

我既飽煖當念及人之飢寒我既安樂當

念及人之困阨。既念之必有以救助之。

存此心時行此事是之謂博愛。

193

96
好国民

　　集众民而成国，一国之兴衰治乱，视其国民之品性、能力。故修身善行，为爱国之本务。

　　对己，则修德，力学，卫生，习劳，以俭奉身，以勤处事。对家，则孝亲，敬长，爱兄弟，教子女，睦亲族。对社会，则敬老，慈幼，救贫，济困，交友以信，待人以敬，接物以诚，守公德，兴公益。对国，则纳税，守法，卫国，爱众。如此，诚为好国民也。

集眾民而成國．一國之興衰治亂．視其國民之品性能力．故修身善行為愛國之本務。

對己則修德．力學衛生．習勞以儉奉身．以勤處事．對家則孝親敬長．愛兄弟．教子女．睦親族．對社會則敬老慈幼．救貧濟困．交友以信．待人以敬．接物以誠．守公德．興公益．對國則納稅守法．衛國愛眾。如此誠為好國民也。

后　记

这套书的内容精选自清末民初的几套影响大的国语教科书。这种梳理、选择、确定和再组合的工作实为艰巨，百多年前的老课本，其修复也是一项大工程。

湖南科技大学李学教授、首都师范大学副教授刘艳琳博士做了大量统筹与基础性工作。彭巧红与易贵兰、左鹏与曾湘芬、刘满云与何如，精心协作，不辞劳苦，分别在这套书上、中、下册的整理中发挥了重要作用。他们的奉献精神令人感动。

这套书能够如期完成，要感谢来自基础教育一线的老师，感谢王超校长、祝心亮校长、刘红香老师、李红玉老师；感谢刘云志书记、曹欣副校长、肖勇胜老师、吴建安老师、蔡果老师；感谢刘小勇副校长、漆巍副校长、彭丹老师、谭青老师、谢丽老师。他们分别为这套书上、中、下册的完成奉献了宝贵智慧。衷心感谢他们！

我还要感谢几位友朋——赵亚梅、彭思、谢简，他们都是热心而聪慧的家长，太希望有值得孩子去读的课外读物了，他们的精神与用心，尤其是亲力亲为的努力，成就了这套书。也要感谢湖南大学出版社，感谢李文邦先生，促成了本书的面世。

我的学生，王雅娴、娜仁、刘予佳、何孟珂和岳文岚等博士，也为本书的面世做了精益求精的工作，感谢他们。

特别是要感谢湖南省教科院副院长杨敏博士、长沙市教科院孙智明院长，本书若对孩童们有些许价值与帮助，也离不开他们无私的支持和睿智的建议。

感谢给我们直接间接支持的所有人——老师、家长、学生和其他热心教育的人士。

石鸥

2021 年 10 月 2 日

图书在版编目（CIP）数据

温故：百年老课本美文选读 . 下 / 石鸥主编 . — 长沙：湖南大学出版社，2021.12

ISBN 978-7-5667-2290-4

Ⅰ . ①温⋯　Ⅱ . ①石⋯　Ⅲ . ①小学语文课 - 课外读物　Ⅳ . G624.233

中国版本图书馆 CIP 数据核字（2021）第 168801 号

温故——百年老课本美文选读（下）
WENGU——BAINIAN LAOKEBEN MEIWEN XUANDU（XIA）

主　　编：石鸥
责任编辑：吴海燕　赵亚梅
装帧设计：李振军　　　　　　美　工：张晚亭　刘沣瑾
印　　装：湖南省众鑫印务有限公司
开　　本：889 mm*1194 mm 1/24　印　张：8.75　字　数：118 千字
版　　次：2021 年 12 月第 1 版　　印　次：2021 年 12 月第 1 次印刷
书　　号：ISBN 978-7-5667-2290-4
定　　价：45.00 元

出 版 人：李文邦
出版发行：湖南大学出版社
社　　址：湖南·长沙·岳麓山　　　　　　邮　编：410082
电　　话：0731-88822559（营销部）0731-88821173（编辑室）0731-88821006（出版部）
传　　真：0731-88822264（总编室）
网　　址：http://www.hnupress.com
电子邮箱：463229873 @qq.com